PIANO COVER FOR DAY6 ♥

Day6

BEST PIANO
SONG BOOK

Discography & Contents

[EP] The Day (2015.09.07)

[EP] DAYDREAM (2016.03.30)

[싱글] Every DAY6 February (2017.02.06)

[싱글] Every DAY6 April (2017.04.06)

[정규] SUNRISE (2017.06.07)

[싱글] Every DAY6 September (2017.09.06)

[싱글] Every DAY6 October (2017.09.29)

[정규] MOONRISE (2017.12.06)

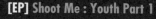

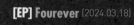

Congratulations

작사 Young K 외 5명 / 작곡 Young K 외 7명

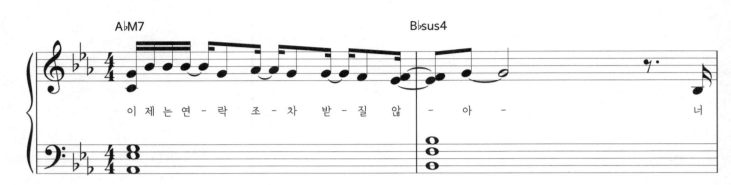

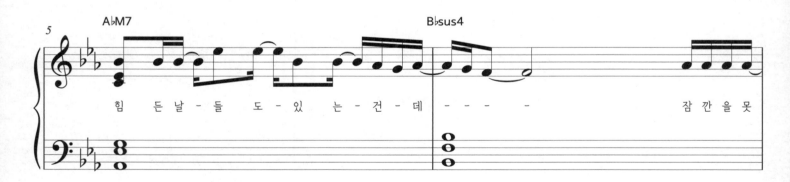

First Time

작사 Young K 외 4명 / 작곡 Young K 외 6명

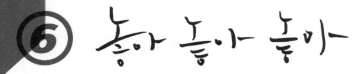

놓아 놓아 놓아

작사 Young K, 김원필 / 작곡 Young K 외 3명

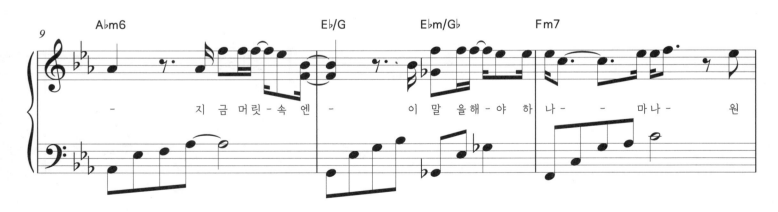

예뻤어

작사 Young K / 작곡 Young K 외 3명

장난 아닌데

작사 Young K 외 2명 / 작곡 김원필 외 3명

6 반드시 웃는다

작사 Young K, 김원필 / 작곡 Young K 외 4명

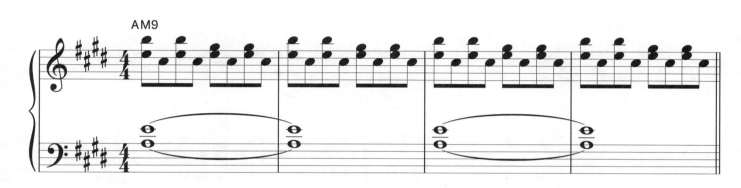

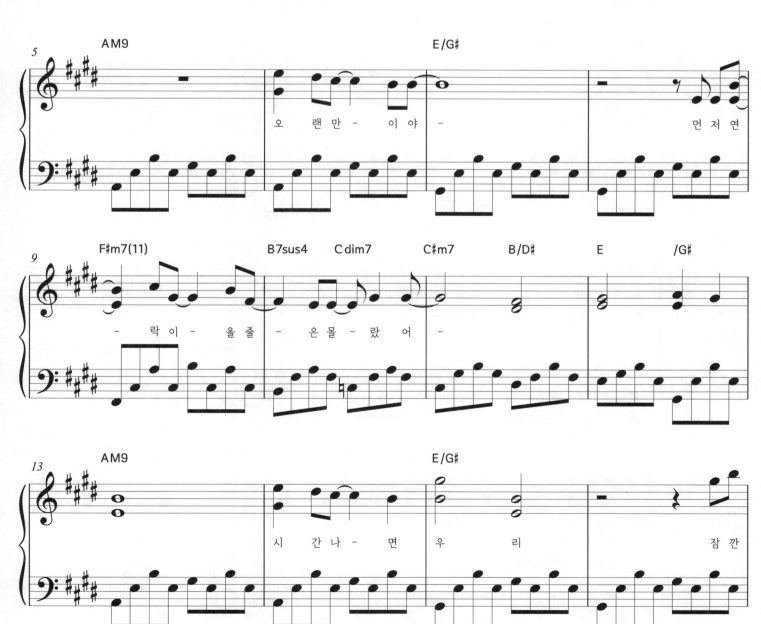

⑥ 남겨둘게

작사 Young K / 작곡 Young K 외 5명

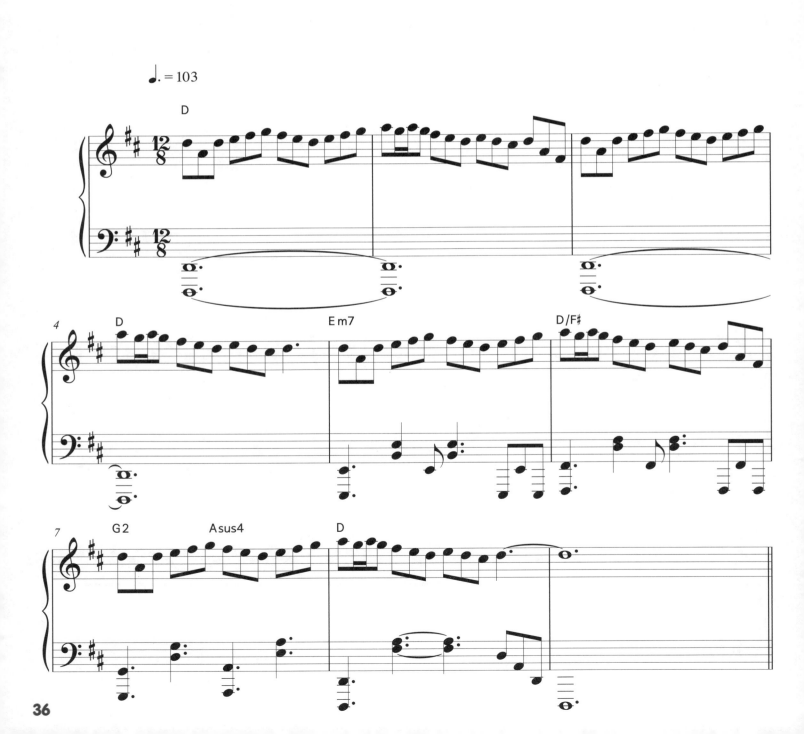

그럴더라고요

작사 Young K / 작곡 Young K 외 5명

Better Better

작사 Young K / 작곡 Young K 외 5명

♩ = 136

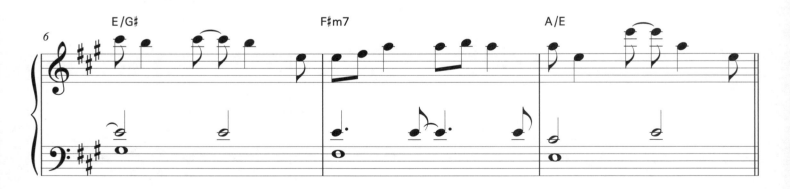

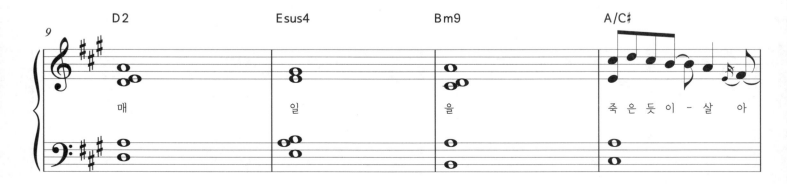

매   일   을   죽은듯이 - 살 아

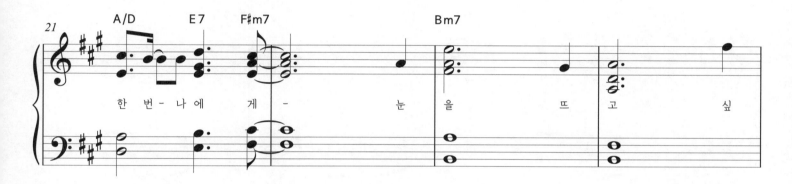

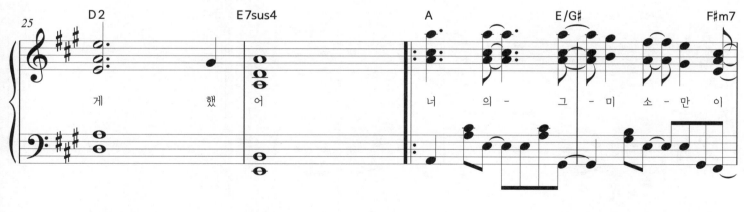

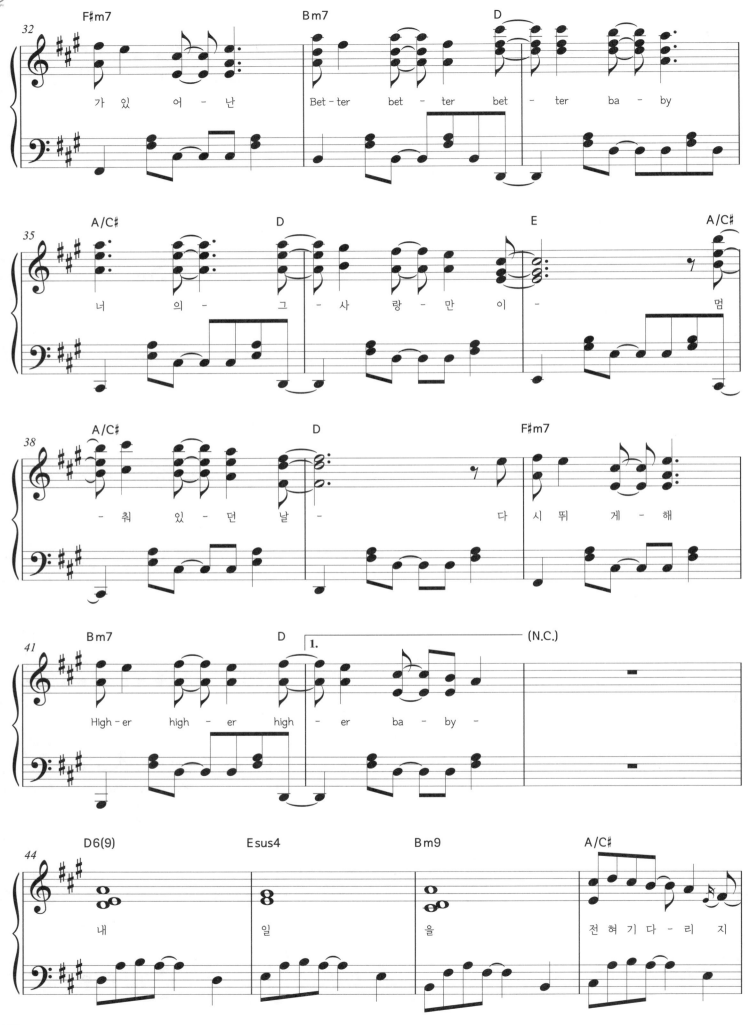

6 좋아합니다

작사 Young K / 작곡 Young K 외 5명

♩=75

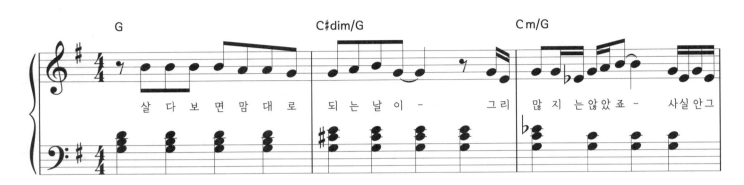

살다보면맘대로 되는날이 - 그리 많지 는않았죠 - 사실안그

런 날이많았죠 - 오 늘도그런날이 되어버릴까 - 고민

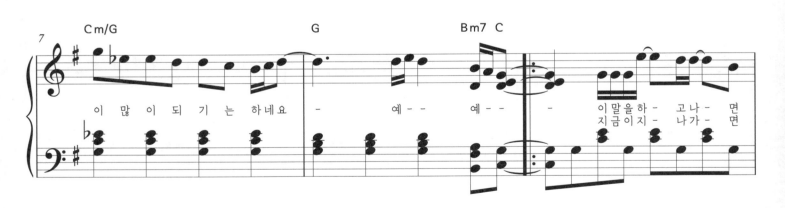

이많 이되기 는 하네요 - 예 - - 예 - - - 이말을하 - 고나 - 면
지금이지 - 나가 - 면

그 대와난 - 다시 - 지금처럼 - 웃 는 얼굴로 - 다시 -
그 대와난 - 다시 - 자연스러 - 웠 던 우리로 - 다시 -

어쩌다 보니

작사 Young K / 작곡 Young K 외 5명

일부러 힘 들어도 참았어   네가너무보고싶을때   너의

집 앞으 로   발 길이 - 향 할 - 때   Oh no -

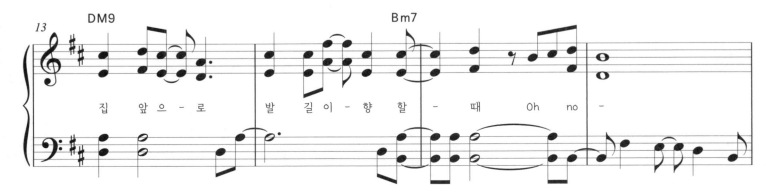

⑥ 행복했던 날들이었다

작사 Young K / 작곡 Young K 외 4명

저녁노을을바라보 - 며   널만나 - 다행이라고하 - 던날

- 이벌써 -   꽤나오래전이 - 야기 - 야   이제는

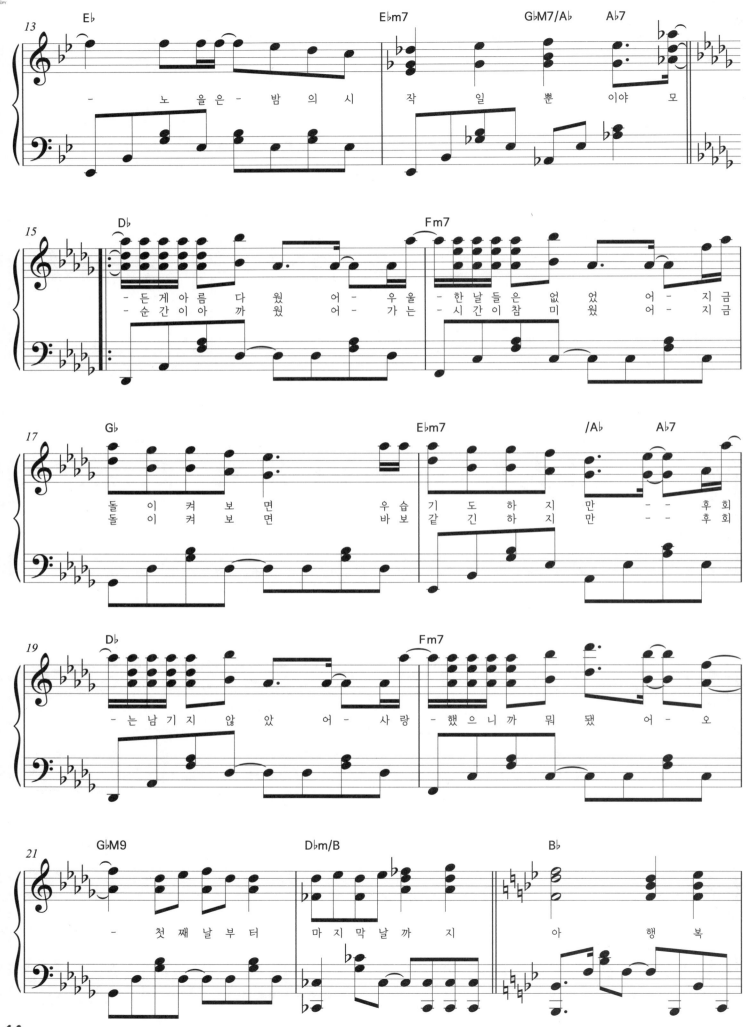

한 페이지가 될 수 있게

작사 Young K / 작곡 Young K 외 4명

모범 연주 영상

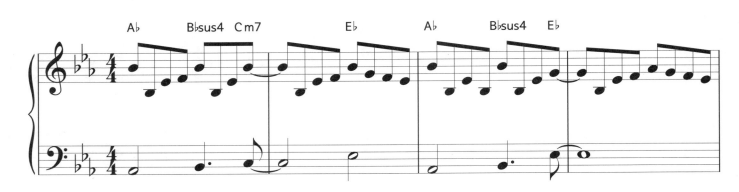

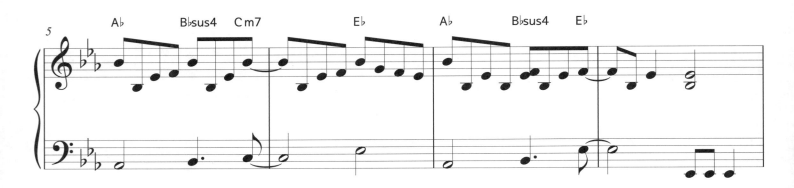

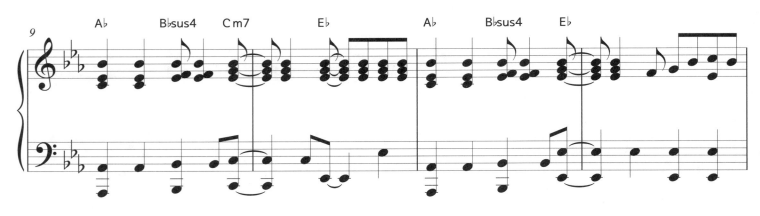

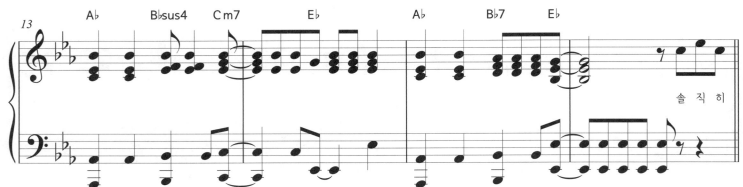

솔 직 히

Best Part

작사 Young K / 작곡 Young K 외 4명

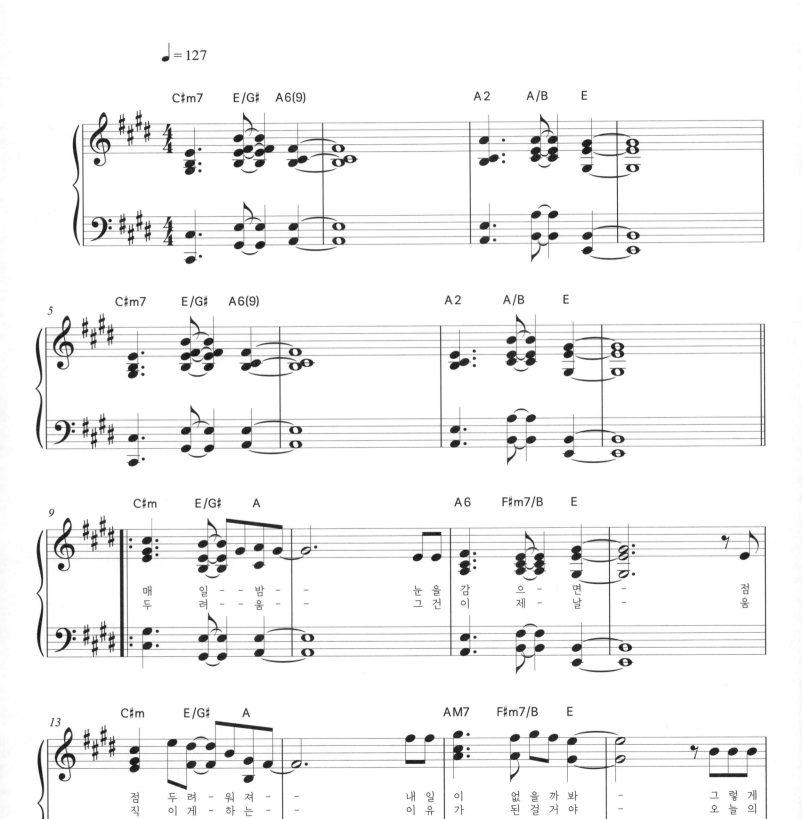

77

Zombie

작사 Young K, 김원필 / 작곡 JAE, 홍지상

82

Love me or Leave me

작사 Young K / 작곡 Young K 외 4명

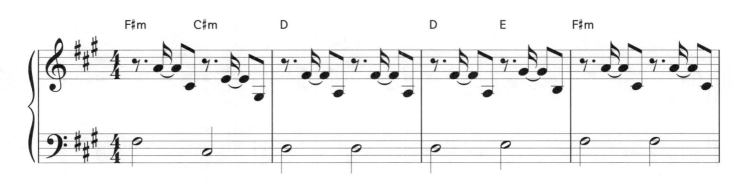

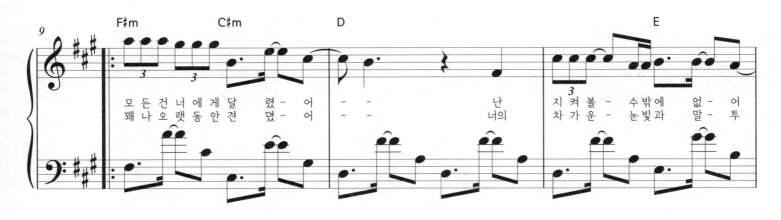

모든건너에게달 렸 — 어 — — 난 지켜볼 — 수밖에 없 — 어
꽤나오랫동안견 뎠 — 어 — — 너의 차가운 — 눈빛과 말 — 투

— — — 의 끝이날건지아닌 지 — 는 — — 너 의
— — — 제 끝이날건지아닌 지 — 는 — — 이 제

둘도 아닌 하나

작사 Young K / 작곡 Young K 외 4명

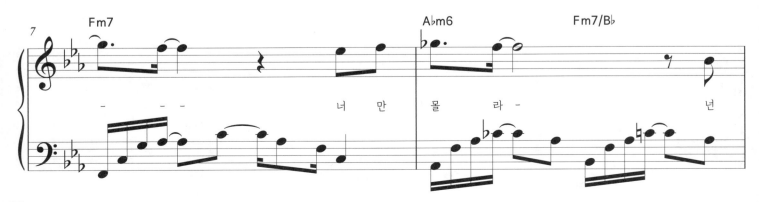

Welcome to the Show

작사 Young K / 작곡 Young K 외 3명

이젠혼자가 아닐 - 무대

- 너무나감 - 격스 - 러워 - 끝없는가 - 능성 - 중에

- 날골라줘 - 서고 - 마워 - 나와맞이 하는미 - 래가

95

리지 - 않게 - 널바라보며 - 서있 - 을 게 Oh - - -

HAPPY

작사 Young K / 작곡 Young K 외 2명

모범 연주 영상

그런 날 이 있을 까 요? 마냥 좋은 그런 날 이요

내일 걱 정 하나 없 이 웃게 되 는 그런 날 이요 뭔

가 하나 씩은 걸 리 는 게 생 기 죠 과

56
E
59
AM7
G♯m7
알 고 리 즘 엔 잘 된 사 람
63
A
G♯m7
만 수 도 없 이 뜨 네 요 - 뭐
67
F♯m7
B7(♯11)
B7
Bm7
E7
이 대 로 계 속 해 - 서 살 아 만 - 있 으 - 면 언 - 젠 가
71
AM7
G♯m7
F♯m7
/B
E
A
F♯m7/B
저 런 날 이 올 까 요 - -
May I be

6 사랑하게 해주라

작사 Young K / 작곡 김원필 외 2명

매번 사랑에 - 치 이 고 아 파 하 고 - 그 런 널 보는 - 나

도 - 매 번 안 타 까 - 워 하 고 아 쉬 - 워 - 나 라

107

⑥ 그게 너의 사랑인지 몰랐어

작사·작곡 Young K 외 3명

그 게너-의사-랑인지 몰 랐 어   그 땐그- 게그- 런건지

몰 랐 어 늘 함께있-는게-너무당 연 해서

특 별한-건아-니라생 각 했 어 넌 어떻게- 잘지내니-

녹아내려요

작사 Young K / 작곡 Young K 외 2명

모범 연주 영상

♩ = 185

꺾 어버 - 리는 한 마 디 깎 여버 - 리 는 웃 음 기

모 든게 - 다 바 - 닥난 - 채 떨 - 고있 - 었 다 -

그녀가 웃었다

작사 Young K 외 2명 / 작곡 Young K 외 3명

모범 연주 영상

가사:
매번 매번 너와 마주칠땐 난 왜 이렇게 바보같은 지 - 직진만 왜 하필

126

⑥ 아직 거기 살아

작사 Young K / 작곡 Young K 외 3명

모범 연주 영상

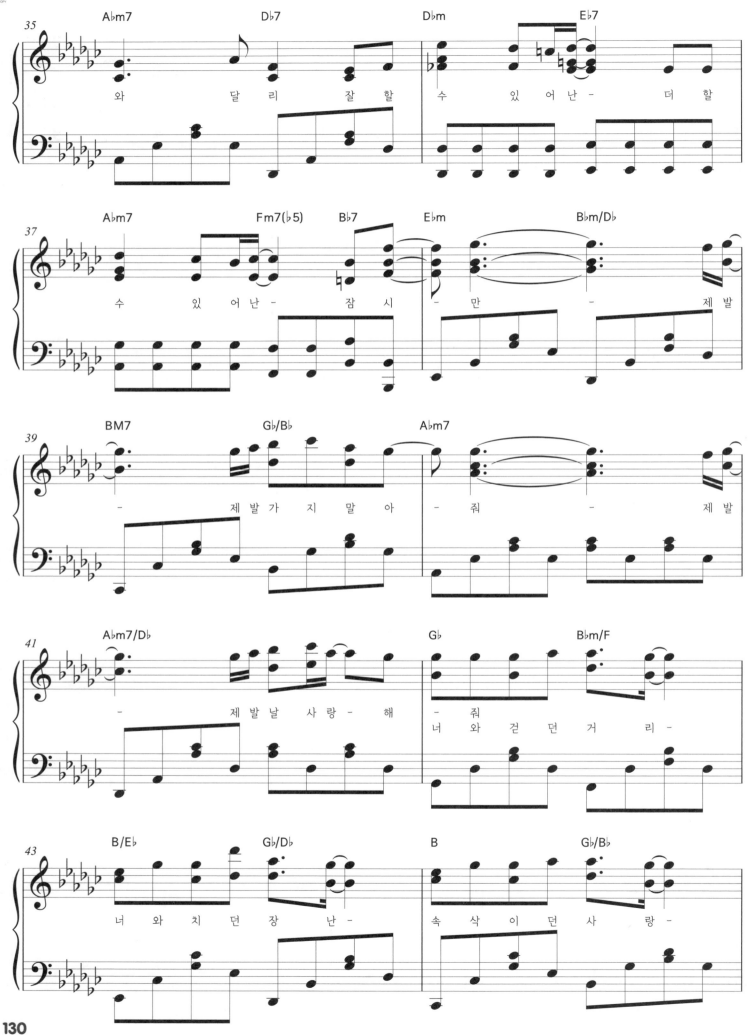

131

Beautiful Feeling

작사 Young K, 한하경 / 작곡 Young K 외 2명

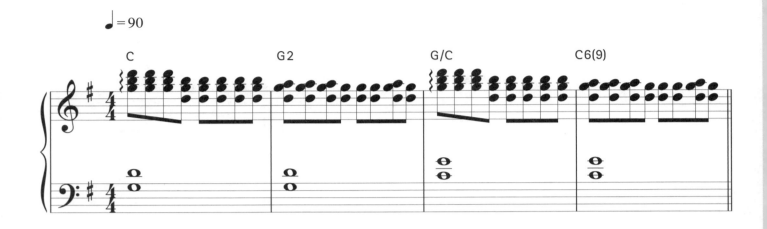

널 바라보고-만 있-어 도 - 나도모르-게 미 소 를 짓고있는- 나 를 보

면 신 기 해 - 하루가지-나 갈-수 록 - 널 향 한 나의-맘 은

- 더 - - - 깊 어지고있어 - 지 금 이 노래가 또 다 -른 사랑-노 래

같은 하늘 아래 - 에 숨 쉬는 매 순간 - 이 난 - 좋아 - - - - 사랑이란 단어 - 론 충분하지가 않

- 아 이 아름다운느 낌 온몸에 전율이 흘 - 러 너무 기쁘다 못해 눈물이 흘 - 러 ye

Some people say - love 하 지만 난 그것 보다 더한 뭔가 있는 것 같 - 아 - ye 안 다면 알려

줘 없 다면 지어 줘 To this - beautiful feeling - 이 아 름다운느 - 낌 -

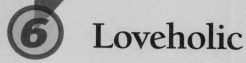

Loveholic

작사·작곡 이재학

PIANO COVER FOR DAY6 ♥

Day6

BEST PIANO
SONG BOOK

발행일 2024년 11월 20일

피아노 편곡 나정현
발행인 최우진
편집 왕세은
디자인 김세린

발행처 그래서음악(somusic)
출판등록 2020년 6월 11일 제 2020-000060호
주소 경기도 성남시 분당구 정자일로 177
이메일 book@somusic.co.kr

ISBN 979-11-93978-48-1(13670)